5348
D

EPISTOLÆ DUÆ

CLARISSIMI VIRI

NICOLAI

BOILEAU DESPREAUX,

E GALLICO IDIOMATE IN LATINUM CONVERSÆ,

Authore BENIGNO GRENAN,
*Humanitatis Professore in Collegio
Harcuriano.*

DOCTISSIMO ET CLARISSIMO VIRO

NICOLAO BOILEAU DESPREAUX,

Cùm ei mitteretur sua Epistola ad Villicum è Gallico in Latinum conversa.

HENDECASYLLABI.

UDEX summe operum elegantiorum,

Claris Vatibus invidende Vates:

Cui censoriam in erudita scripta

Ipse Castaliæ Magister aulæ

Virgulam dedit, & dedisse gaudet:

Res est dura, ut ais, nec expedita
Floream segetem, rosasque amœnas
E sylvestribus evocare dumis.
Hoc sensi experiens, diuque torsi
Sudans ingenium, BOLÆI; *carmen*
Dùm modis cupio assequi Latinis,
Quo, quidquid magis est agreste & hirtum
Tactu protinùs efficace, mutas
In florum pretiosiora serta.
Hîc aures hominum severiorum
Villicus recreat laboriosus,
Cui nos esse videmur otiosi,
Gens tamen minimè otiosa, Vates.
Duro nempè minùs ligone glebas
Durum est sollicitare, quàm rotundos
versus, quos Chorus asper invidorum
Allatratibus irritis lacessat,
Doctâ radere & expolire limâ.

Id præstare tuum est, BOLÆE; *nusquam
Unguibus potuit locum malignis
Infensus tibi repperire livor.
Talem oportuit herculè esse Vatem
Illum, ac vel levibus carere mendis,
Qui mores sale defricaret acri,
Et jocante minax stylo fugaret
Secli opprobria, putidos Poëtas.*

EPISTRE
DE MONSIEUR
BOILEAU DESPREAUX
A
SON JARDINIER.

ABORIEUX Valet du plus commode
Maître,
Qui pour te rendre heureux ici bas pouvoit naître,
Antoine, Gouverneur de mon Jardin d'Auteüil,
Qui diriges chez moy l'if & le chevrefeüil,
Et sur mes espaliers, industrieux genie,
Sçais si bien exercer l'art de la Quintinie.
O! que de mon esprit triste & mal ordonné,
Ainsi que de ce champ par toy si bien orné,
Ne puis-je faire oster les ronces, les épines,
Et des defauts sans nombre arracher les racines?
   Mais parle: Raisonnons. Quand du matin au soir,
Chez moy poussant la bêche, ou portant l'arrosoir,
Tu fais d'un sable arride une terre fertile,
Et rend tout mon Jardin à tes loix si docille,

EPISTOLA
CLARISSIMI VIRI
NICOL. BOILEAU DESPREAUX
AD SUUM VILLICUM,
E GALLICO IN LATINUM TRANSLATA.

ILLICE, quem domino meliori addicere
fata
Non poterant, tranquillum ageres ut le-
niter ævum,
Antoni, rector commissi operosus agelli,
Qui taxos humiles, qui flores ordine miro
Instruis, & longo ramos pro pariete doctâ
Dispensare manu soles, quàm industrius author
Quintinius docuit, tractas feliciter artem.
O utinam! nostrum ut purgas à vepribus hortum,
Sic mihi, sic spinas animo quis vellere possit,
Fœcundasque nimis vitiorum exscindere stirpes.

Verùm age : cùm primi de lumine solis ad umbram
Undâ spargis humum, durisvè ligonibus urges,
Et malè jejunam cogis pinguescere terram,
Imperiisque tuis docilem se subdere fundum :

A iiij

EPISTOLA XI.

Quid censes, tacitis seu mussans verba labellis
Deprimo morosam, aut sursùm arduus erigo frontem;
Seu modò anhelatas jaculatus in aëra voces,
Hospitibus ramis avium trepida agmina pello.
Nùm venit in mentem me captum dæmone, qualem
Ostendunt tibi portentosa volumina Maugim,
Subrauco magicos meditari murmure versus?
Sed fallor: melius quid de me conjicis; hæret
Mente tuas quondam qui serpsit rumor ad aures,
Munus hero impositum ut longos diffundat in annos
Regis facta, quibus Caroli prudentia Magni,
Selecto Procerum quamvis adjuta senatu,
Bellicaque haud dubitet fasces summittere virtus.
Hoc me operis calare putas, calamoque superbos
Forsitan hîc Montes, aut expugnare Namurcum.

Quis foret ergò stupor, si quem componere gesta,
Fortis Alexandri magnas superantia laudes
Audisti pridem, hunc discas noctuque diuque
Mille modis agitare suum & torquere cerebrum,
Ut nova procudat vi multâ carmina, queis det
Inspicienda tibi demens præcordia vates.
Scilicet, audit herus latè doctissimus, inquis,

EPISTRE XI.

Que dis-tu de m'y voir rêveur, capricieux,
Tantôt baissant le front, tantôt levant les yeux,
De paroles dans l'air par élans envolées,
Effrayer les Oyseaux perchez dans mes allées ?
Ne soupçonnes-tu point qu'agité du Démon,
Ainsi que ce * Cousin des quatre Fils Aymon,   *Maugis.
Dont tu lis quelquefois la merveilleuse histoire,
Je rumine en marchant quelque endroit du Grimoire ?
Mais non : Tu te souviens qu'au Village on t'a dit,
Que ton Maître est nommé pour coucher par écrit
Les faits d'un Roy plus grand en sagesse, en vaillance,
Que Charlemagne aidé des douze Pairs de France.
Tu crois qu'il y travaille, & qu'au long de ce mur
Peut-être en ce moment il prend Mons & Namur.

 Que penserois-tu donc ? si l'on t'alloit apprendre,
Que ce grand Chroniqueur des gestes d'Alexandre,
Aujourd'huy méditant un projet tout nouveau,
S'agite, se démene, & s'uze le cerveau,
Pour te faire à toi même en rimes insensées
Un bizarre portrait de ses folles pensées.
Mon Maître, dirois-tu, passe pour un Docteur,
Et parle quelque fois mieux qu'un Predicateur.

Epistre XI.

Sous ces arbres pourtant, de si vaines sornettes
Il n'iroit point troubler la paix de ces fauvettes ;
S'il luy falloit toûjours, comme moy, s'exercer,
Labourer, couper, tondre, applanir, palisser,
Et dans l'eau de ces puits sans relâche tirée
De ce sable étancher la soif démesurée.

   Antoine, de nous deux tu crois donc, je le voi,
Que le plus occupé dans ce jardin, c'est toi.
O ! que tu changerois d'avis, & de langage,
Si deux jours seulement libre du jardinage,
Tout à coup devenu Poëte & bel esprit,
Tu t'allois engager à polir un écrit
Qui dît sans s'avilir les plus petites choses,
Fist des plus secs chardons des œüillets & des roses ;
Et sceust même au discours de la rusticité
Donner de l'élegance, & de la dignité ;
Un ouvrage, en un mot, qui juste en tous ses termes,
Sceust plaire à D'Aguesseau*, sceust satisfaire Termes,
Sceust, dis-je, contenter en paroissant au jour,
Ce qu'ont d'esprits plus fins & la Ville, & la Cour.
Bien tôt de ce travail revenu sec, & pâle,
Et le teint plus jauni que de vingt ans de hâle,

* Avocat General.

EPISTOLA XI.

Sic loquitur quandoque, ut non meliora loquantur,
Qui sacra sublimi è suggestu oracula fundunt:
Hunc tamen ad nostros adigat fortuna labores,
Vertere cogat humum, glebas aquare cylindro,
Luxuriosa nimis ferro depascere ligna,
Æternamque sitim satiare voracis arenæ;
Non has efflando nugas volucrum otia rumpat.

Nempe uter, Antoni, nostrum plus sudet in horto
Si quis quærat, eum te clames protinus esse.
Quàm procul ex animo fugeret tam rusticus error,
Si subitus vates, & curâ liber agresti,
Exigere instituas ad amussim carmina, rebus
Quæ minimis addant decus, addant pondera nugis;
Inque rosas mutent dumeta hirsuta, vepresque:
Carmina, quæ teneant aures perfecta severas,
Quæ, quod in urbe hominum sapit, aut nasutius aula
Quidquid habet, vultu legat atque revolvat amico.
Hinc siccus, gracilis, contractaque pallidus ora,
Ceu biberit longos exusta cuticula soles,
Continuò dicas nota instrumenta retractans,
Explanare soli vel centum jugera malim,
Quàm frustrà ingenium rursùs lassare, per auras

EPISTOLA XI.

Ut stolidè evectus nubes & inania captem,
Nominaque inter se malè discordantia jungam.
  Ergò ades hùc paulùm, atque aurem substringe
    loquenti,
Dum doceo quid sint, Antoni, pœna laborque.
  Omnibus in terris genus incubat omne malorum,
Affixusque hominis lateri labor usque fugaces
Nos premit, & puram haud patitur libare quietem.
Dulcia nequicquam mendaces otia Musa
Vatibus ostentant, cupidosque sub antra clientes
Frigida nequicquam admittunt, nemorumque recessus.
Hìc dulces inter latebras, & amœna vireta,
Ecce adsunt teretes numeri, facundia velox,
Sermonis nitor, & diversâ in veste figura,
Quæ, veluti doctis cruciantque tenentque venenis
Humanas Sagana mentes, sic impete facto
Pallentes unà alliciunt, vexantque poëtas.
Ergò dum Veneres fugitivas prendere tentant
Ærumnosa cohors, Orpheique æmula, semper
Curva sub immenso laurorum pondere anhelant.
His tamen arridet labor, & blanditur amicus,
Hos sua pœna juvat. Tormenta sed omnia longè

EPISTRE XI.

Tu dirois, reprenant ta pelle & ton rateau,
J'aime mieux mettre encor cent arpens au niveau,
Que d'aller follement égaré dans les nuës
Me lasser à chercher des visions cornuës,
Et pour lier des mots si mal s'entr'accordans,
Prendre dans ce jardin la Lune avec les dents.

   Approche donc, & vien : qu'un Paresseux t'aprenne,
Antoine, ce que c'est que fatigue, & que peine.
L'Homme ici bas toûjours inquiet, & gêné,
Est dans le repos même au travail condamné.
La fatigue l'y suit. C'est envain qu'aux Poëtes
Les neuf trompeuses Sœurs dans leurs douces retraites
Promettent du repos sous leurs ombrages frais.
Dans ces tranquilles Bois pour Eux plantez exprès,
La Cadence aussi-tôt, la Rime, la Césure,
La riche Expression, la nombreuse Mesure,
Sorcieres dont l'amour sçait d'abord les charmer,
De fatigues sans fin viennent les consumer.
Sans cesse poursuivant ces fugitives Fées,
On voit sous les Lauriers haleter les Orphées.
Leur Esprit toutefois se plaît dans son tourment,
Et se fait de sa peine un noble amusement.

EPISTRE

Mais je ne trouve point de fatigue si rude,
Que l'ennuyeux loisir d'un Mortel sans étude,
Qui jamais ne sortant de sa stupidité,
Soûtient dans les langueurs de son oisiveté,
D'une lâche Indolence esclave volontaire,
Le penible fardeau de n'avoir rien à faire.
Vainement offusqué de ses pensers épais,
Loin du trouble & du bruit, il croit trouver la paix
Dans le calme odieux de sa sombre paresse.
Tous les honteux Plaisirs Enfans de la Mollesse,
Usurpant sur son ame un absolu pouvoir,
De monstrueux desirs le viennent émouvoir,
Irritent de ses sens la fureur endormie,
Et le font le jouët de leur triste infamie.
Puis sur leurs pas soudain arrivent les Remords :
Et bien-tôt avec eux tous les Fleaux du corps,
La Pierre, la Colique, & les Goutes cruelles, [Elles,
Fa- Guenaud, Raissant, Brayer *, presque aussi tristes qu'
meux
Mede- Chez l'indigne Mortel courent tous s'assembler,
cins.
De travaux douloureux le viennent accabler,
Sur le duvet d'un Lict theatre de ses gênes,
Lui font scier des rocs, lui font fendre des chênes,

EPISTOLA XI.

Exuperare hominis mihi sors onerosa videtur,
Qui crassos transire dies languore sepultus
Fœdo amat, ac luxu ignavo resolutus, ab omni
Aversus studio, & tenebrosæ vile quietis
Mancipium, indocta tolerat stupida otia vita.
Ille quidem strepitu procul, invisoque tumultu
Turpi in desidia, atque situ latebrosus opaco,
Affectat requiem, votis sed inanibus ambit.
Turba voluptatum, resupina fœtida proles
Mollitiæ, imperiis haud lenibus usque fatigat
Quantumvis torpentem animum, & regina Libido
Ventilat infami sopitas pectore flammas;
Nec cessat stimulum improba subjectare furenti,
Donec ad arbitrium moveat, flectatque sequacem.
Tædia dein subeunt, ac illi verbere surda
Instat conscia mens. Quin & circumsilit omne
Morborum genus; hunc & renes calculus urens,
Viscerum & invadit dolor, & nodosa podagra.
Mox propè subsequitur vel morbis tetrior ipsis
Grex ater medicorum, & vultu infausta minatus,
Ut lectum ægroti, pœna lugubre theatrum
Omnigena, obsedit, cariosis horrida membris

EPISTOLA XI.

Indicit tormenta; ignem, ferrum applicat ultor,
Fomentisque putres onerat crudelibus artus.
Ringitur infelix, duramque tibi invidet artem,
Sudoresque tuos. Hinc mecum collige quantum
Mascula paupertas, experrectique labores
Divitiis praestent, & plumis Sardanapali.

Ac ne quis dubitet, neu contra mutiat, audi
Quò rem deducam. Vita solatur acerba,
Fortunatque homines labor: at qui crimine mentem
Implicuit, dirum tortorem gestat ubique,
Nec comes anxietas sinit hunc spirare quietum.
Haec duo te paucis, animum contende, docebo.
Sed quid ego haec autem? laxum compage solutâ
Inclinas caput, & dissutis undique malis
Os patulum totâ diducis latius ulnâ:
Desino, nec verbum, ne te morer, amplius addo.
En etiam queruli te per convitia flores
Crebra vocant cessantem, & moto vertice quaerunt
An positis celebret pagus festa otia curis,
Fundere quòd parcas dudum sitientibus undam.

EPISTRE XI.

Et le mettent au point d'envier ton emploi.
Reconnois donc, Antoine, & conclus avec moi,
Que la Pauvreté mâle, active & vigilante,
Est parmi les travaux moins lasse, & plus contente,
Que la Richesse oisive au sein des voluptez.

 Je te vais sur cela prouver deux Veritez,
L'une, que le travail aux Hommes necessaire
Fait leur felicité plûtost que leur misere,
Et l'autre, qu'il n'est point de Coupable en repos.
C'est ce qu'il faut ici montrer en peu de môts.
Oy-moy donc. Mais je vois, sur ce début de prône,
Que ta bouche déja s'ouvre large d'une aune,
Et que les yeux fermez tu baisses le menton.
Ma foy, le plus seur est de finir ce sermon.
Aussi-bien j'apperçois ces Melons qui t'attendent,
Et ces Fleurs qui là bas entre elles se demandent ;
S'il est feste au Village ; & pour quel Saint nouveau,
On les laisse aujourd'huy si long-tems manquer d'eau.

EPISTRE
DE
M. BOILEAU DESPREAUX,
A SES VERS.

J'AY beau vous arêter, ma remontrance
    est vaine ; [ma veine.
Allés, partés, mes Vers, dernier fruit de
C'est trop languir chés moi dans un obscur séjour.
La prison vous déplaît, vous cherchés le grand jour ;
Et déja chés Barbin, ambitieux Libelles,
Vous brûlés d'étaler vos feüilles criminelles.
Vains & foibles Enfans dans ma vieillesse nés,
Vous croyés sur les pas de vos heureux aînés [ces,
Voir bientôt vos bons mots passant du Peuple aux Prin-
Charmer également la Ville & les Provinces,
Et par le promt effet d'un sel réjoüissant
Devenir quelquefois proverbes en naissant.
Mais perdés cette erreur dont l'appas vous amorce.
Le tems n'est plus, mes Vers, où ma Muse en sa force
Du Parnasse François formant les Nourriçons,
De si riches couleurs habilloit ses Leçons :
Quand mon Esprit poussé d'un couroux legitime,
Vint devant la Raison plaider contre la Rime,

EPISTOLA
CLARISSIMI VIRI
NIC. BOILEAU DESPREAUX,
AD SUOS VERSUS,
E GALLICO IN LATINUM TRANSLATA.

RGO ratum est. Frustrà moneo vos, Carmina : lucem
Nempè affectatis, vena labor ultimus. Ite,
Nil moror : obscuro jamdudum carcere condi
Indignata, nigrisque jacere abstrusa tenebris,
Pumice Barbini ardetis benè comtæ, malignas
Tandem ostentare, ambitiosa Volumina, chartas,
Speratis, grato ut quondam sale captas amicis
Nata sub auspiciis Lector mea scripta sonabat ;
Sic vos, effœta proles ô frigida Musæ,
Sic quoque speratis populi volitare per ora,
Et dictis captare avidas felicibus aures :
Sed malè vos tanti spes vana favoris inescat.
Ætas præteriit, cùm divite carmina venâ
Mollius effluerent ; seu multo aspersa lepore
Grandia dictarem seris præcepta Poetis ;
Sive, greges Vatum illepidos perfundere aceto

Callidus, illinerem mea charta alienáque menda.
Nemo adeò morosus erat, qui nostra soluto
Non legeret vultu: quin illa libenter adoptans
Dictis sæpè suis inspergere Lector amabat.

Æmula sed postquam geminis dispersa senectus
Temporibus canet, rugosàque invida, dextrâ
Ter mihi vicenos, duo si detraxeris, annos,
Magnum onus, imposuit; ne vos, mea Carmina, lactet
Frivola spes: quis enim vanis turgentia nugis
Ista emat argento? Melior jam evanuit ætas;
Utque abeundo jocos mihi, sic extorsit honores.
Ecce quati risu, & vobis illidere dentem
Cernetis populum, vestroque illudere Vati:
Quemque modò æquabat summis Scriptoribus, ille
Expunctum numero, turbam seponet in imam.
Frustrà erit exclamasse, ô vitæ longior usus!
Huncne diu vixisse, senex infamis ut esset?
Nil minùs intereà centum convicia quisque
Ingeret, & Vatem dictis urgebit amaris.

EPISTRE.

A tout le Genre humain sçut faire le procez,
Et s'attaqua soi-même avec tant de succez.
Alors il n'étoit point de Lecteur si sauvage
Qui ne se déridât en lisant mon Ouvrage,
Et qui, pour s'égayer, souvent dans ses discours
D'un mot pris en mes Vers n'empruntât le secours.
  Mais aujourd'hui qu'enfin la Vieillesse venue,
Sous mes faux cheveux blonds déja toute chénuë,
A jetté sur ma tête avec ses doigts pezans
Onze lustres complets surchargés de trois ans,
Cessés de présumer, dans vos folles pensées,
Mes Vers, de voir en foule à vos Rimes glacées
Courir l'argent en main les Lecteurs empressés.
  Nos beaux jours sont finis, nos honneurs sont passés.
Dans peu vous allez voir vos froides réveries
Au Public exciter les justes moqueries,
Et leur Auteur jadis à Regnier préferé :
Pynchesne, à Liniere, à Perrin comparé.
Vous aurés beau crier, * *ô vieillesse ennemie !*   * *Vers*
N'a-t-il donc tant vécu que pour cette infamie ?   *du Cid.*
Vous n'entendrés par tout qu'injurieux brocards,
Et sur vous, & sur lui fondre de toutes parts.

EPISTRE.

Que veut-il, dira-t-on ? Quelle fougue indiscrete
Ramene sur les rangs encor ce vain Athlete ?
Quels pitoyables Vers ! Quel style languissant !
Malheureux, laisse en paix ton cheval vieillissant ;
De peur que tout à coup eflanqué, sans haleine,
Il ne laisse en tombant son Maître sur l'arene.
Ainsi s'expliqueront nos Censeurs sourcilleux :
Et bientôt vous verrés mille Auteurs pointilleux
Piece à piece épluchant vos sons & vos paroles
Interdire chés vous l'entrée aux hyperboles,
Traiter tout noble mot de terme hazardeux,
Et dans tous vos Discours, comme monstres hideux,
Huer la Metaphore, & la Metonymie,   [mie)
(Grands mots que Pradon croit des termes de Chy-
Vous soûtenir qu'un Lict ne peut être effronté :
Que nommer la Luxure est une impureté.
En vain contre ce flot d'averfion publique
Vous tiendrés quelque temps ferme sur la boutique
Vous irés à la fin honteusement exclus

Poëme Trouver au Magazin Pyrame, & Regulus, *
Heroi-
que non Ou couvrir chés Thierry d'une feüille encor neuve
vendu. Les Meditations de Buzée & d'Hayneuve :

EPISTOLA.

Nam quæ tantæ animum cœpit dementia? Quare
Jam rude donatus veteri se includere ludo
Gestit, & elumbes, fractosque extundere versus?
Desine, si sapias, & equum dimitte senilem,
Ne subito peccet ridendus, & alia ducens
In mediâ revolutum equitem prosternat arenâ.
Talia jactabit mordax per compita censor:
Tum mea nasutè distringens scripta, figuras
Scribendi varias, varios culpare colores:
Si quod odoratur dictum feliciter audax,
Hoc velut intrusum vitiosè, usuque remotum
Allatrare. Nefas Lectum appellare protervum
Asseret, & sanctum verbis violare pudorem
Quisquis Luxuriam vel tantùm nominat. Ergò
Tot contra populi, vos ô mea Carmina, faunas
Firma manere loco frustrà tentabitis: ire
In tenebras, & forte pares invisere versus
Coget publica vox, chartâque amicire recenti,
Queis præbere solent charta velamina inepta;
Aut projecta Novi hinc atque hinc in margine Pontis
Pasceris tineas, incondita fragmina, inertes.

EPISTOLA.

Sed quid ego hæc autem malè surdis irrita canto?
Scilicet æternum famæ immortalis honorem
Spe jam præcipitis; longosque ut gratia in annos
Virgilio & Flacco vivax constabit, eodem
Creditis in pretio venturis vos fore seclis.
Ite igitur; Vobis, per me mora non erit ulla,
Ut libet indulgete, in apertam erumpite lucem;
Sed vos fraternis socios adjungite versus:
Sic cognatam inter, confusa Poemata, turbam
Vos, ut legitimos fœtus in jura paterna
Forsitan haud renuet judex admittere lector.
Sin etiam quandoque meo vos nomine captus
Non dedignetur facili percurrere vultu,
Hanc mihi mercedem posco, mea Carmina: vestri
Effigiem Vatis, calamo quam livor iniquus
Mendaci expressit, calamo emendate fideli.

Dicite quem falsis pinxêre coloribus atrum,
Ingenio vixisse bono, facilique, pioque,
Semper & in chartis sectantem ponere verum,
Si quosdam carpendo mali quid fecerit, illud
Haud animo fecisse malo, at candoris amore.
Dicite vexatum miseris Scriptoribus, horum

EPISTRE.

Puis, en triſtes lambeaux ſemés dans les Marchés,
Souffrir tous les affronts au Jonas * reprochés.
 Mais quoy, de ces diſcours bravant la vaine attaque
Déja comme les Vers de Cinna, d'Andromaque,
Vous croyés à grand pas chés la poſterité
Courir marqués au coin de l'Immortalité.
Hé bien, contentés donc l'orgueil qui vous enyvre.
Montrés-vous, j'y cõſens: mais du moins dãs mõ Livre
Commencez par vous joindre à mes premiers Ecrits.
C'eſt-là qu'à la faveur de vos Freres cheris,
Peut-être enfin ſoufferts, comme Enfans de ma plume
Vous pourés vous ſauver épars dans le volume.
Que ſi mêmes un jour le Lecteur gracieux
Amorcé par mon nom ſur vous tourne les yeux;
Pour m'en récompenſer, mes Vers, avec uſure,
De vôtre Auteur alors faites-lui la peinture:
Et ſur tout prenés ſoin d'effacer bien les traits,
Dont tant de Peintres faux ont flétri mes portraits.
 Déposés hardiment: qu'au fond cet Hõme horrible,
Ce Cenſeur qu'ils ont peint ſi noir, & ſi terrible,
Fut un Eſprit doux, ſimple, ami de l'équité,
Qui cherchant dans ſes Vers la ſeule verité,

Piece de Theatre de M. Pra don.

EPISTRE.

Fit sans être malin ses plus grandes malices,
Et qu'enfin sa candeur seule a fait tous ses vices.
Dites ; que harcelé par les plus vils Rimeurs,
Jamais blessant leurs vers, il n'effleura leurs mœurs :
Libre dans ses discours, mais pourtant toûjours sage,
Asséz foible de corps, asséz doux de visage,
Ni petit, ni trop grand, très-peu voluptueux,
Ami de la vertu, plûtôt que vertueux.

    Que si quelqu'un, mes Vers, alors vous importune,
Pour sçavoir mes Parens, ma vie & ma fortune,
Contés-lui, qu'allié d'asséz hauts Magistrats,
Fils d'un Pere Greffier, né d'ayeux Avocats,
Dès le berceau perdant une fort jeune Mere,
Réduit seize ans après à pleurer mon vieux Pere,
J'allai d'un pas hardi, par moi-même guidé,
Et de mon seul genie en marchant secondé,
Studieux amateur, & de Perse, & d'Horace,
Asséz près de Regnier m'asseoir sur le Parnasse.
Que par un coup du sort au grand jour amené,
Et des bords du Permesse à la Cour entraîné,
Je sçûs, prenant l'essor par des routes nouvelles,
Elever asséz haut mes poëtiques aîles :

EPISTOLA.

Scripta remordentem, mores nec molliter usquam
Vel dicto strinxisse levi ; sermone loquenda
Dicere non timidum, cautum celanda tacere,
Viribus haud firmum, non grandi corpore, mitem
Ore, voluptatum illecebris haud cedere mollem,
Et si cultorem minùs, at virtútis amicum.

Si quis fortè velit vitamque & nosse parentes ;
Noverit is Scribâ me natum Patre, Virisque
Quos Themis orantes stupuit majoribus ortum,
Et mihi non humiles cognato sanguine jungi.
Noverit, ut primas spiranti luminis auras
Aspera mors viridem mihi Matrem invidit, & annos
Bis post octo, senem invidit mihi cruda Parentem ;
Me tamen intereà, ducibus sine ; sed duce raptum
Ingenio, jamque in scriptis tritum atque recoctum,
Flacce, tuis ; tuaque urgentem vestigia, Persi,
Monte sub Aonio vobis sedisse propinquum.
Tum, Versus, narrate ut summo è culmine Pindi
Protinus in mediam, fortunæ Filius, Aulam
Sorte novâ delatus, & ipse assurgere nisu
Audax insolito, valui non degener ales
Majores patrio pennas extendere nido :

EPISTOLA.

Ut REX ille, suo magnos qui nomine Reges
Terrificat, sua me voluit describere facta:
Meque Viris narrate etiam placuisse supremis;
COLBERTO placuisse, & summis nunc quoque charum
Vivere: nam licet à Scenâ in secreta remotus,
Et sensu obtusus gemino lateam in Lare, nostris
Heroës tamen interdum succedere tectis,
Et mecum usurpare domi, docta otia gaudent.

At natale comes genius qui temperat astrum
Indulsit majora etiam mihi prodigus: illa
E memori nunquam delebo pectore, at illa
Vas quoque, vos Versus, totum celebrate per orbem:
Nempe ego Loyolida benè multos gentis amicos
Etsi habeam, tamen hos contra qui sæpe potentem
Exeruit calamum ARNALDUS, quo plurima punxit
Scripta stilo, nostram voluit defendere Musam.
Ergò mei, si vos tangit mea gloria, Versus,
Quà tepidas oriens Sol afflat lumine terras
Ite citi, Pariumque mihi conquirita marmor;
Hujus ut inscriptum pretioso nomen in auro,
Nostrum olim signet tumulum, decoretque favillam,
Hocque meis nomen censoribus obstruat ora.

EPISTRE.

Que ce ROY dont le nom fait trembler tant de Rois,
Voulut bien que ma main crayonnât ses exploits :
Que plus d'un Grand m'aima jusques à la tendresse :
Que ma veuë à COLBERT inspiroit l'allegresse :
Qu'aujourd'hui même encor de deux sens affoibli,
Retiré de la Cour, & non mis en oubli,
Plus d'un Heros épris des fruits de mon étude
Vient quelquefois chés moy goûter la solitude.

Mais des heureux regards de mon Astre étonnant
Marqués bien cet effet encor plus surprenant,
Qui dans mon souvenir aura toûjours sa place :
Que de tant d'Ecrivains de l'Ecole d'Ignace
Estant, comme je suis, ami si déclaré,
Ce Docteur toutefois si craint, si reveré,
Qui contre Eux de sa plume épuisa l'énergie,
ARNAUD le grand Arnaud fit mon apologie. *
Sur mon tombeau futur, mes Vers, pour l'énoncer,
Courés en lettres d'or de ce pas vous placer.
Allés jusqu'où l'Aurore en naissant void l'Hydaspe,
Chercher, pour l'y graver, le plus précieux jaspe.
Sur tout à mes Rivaux sçachés bien l'étaler.

M. Arnauld a fait une Dissertation où il me justifie contre mes Censeurs.

EPISTRE.

Mais je vous retiens trop. C'est assés vous parler.
Déja plein du beau feu qui pour vous le transporte,
Barbin impatient chés moi frappe à la porte.
Il viēt pour vous chercher. C'est lui: j'entens sa voix.
Adieu, mes Vers, adieu pour la derniere fois.

EPISTOLA.

Sed quid ego ardentes longo sermone fatigo?
Jam vos poscit hians Barbinus, & ostia pulsat.
Haud fallor, vox nota meas en contigit aures.
Ite igitur, Versus, mihi supremúmque valere.

www.ingramcontent.com/pod-product-compliance
Lightning Source LLC
Chambersburg PA
CBHW060556050426
42451CB00011B/1946